BEI GRIN MACHT SICH IHR WISSEN BEZAHLT

- Wir veröffentlichen Ihre Hausarbeit,
  Bachelor- und Masterarbeit

- Ihr eigenes eBook und Buch -
  weltweit in allen wichtigen Shops

- Verdienen Sie an jedem Verkauf

Jetzt bei www.GRIN.com hochladen und kostenlos publizieren

Bibliografische Information der Deutschen Nationalbibliothek:

Die Deutsche Bibliothek verzeichnet diese Publikation in der Deutschen National-
bibliografie; detaillierte bibliografische Daten sind im Internet über http://dnb.d-
nb.de/ abrufbar.

Impressum:

Copyright © 2011 GRIN Verlag, Open Publishing GmbH
Druck und Bindung: Books on Demand GmbH, Norderstedt Germany
ISBN: 978-3-668-20560-4

Dieses Buch bei GRIN:

http://www.grin.com/de/e-book/320984/aufwandsabschaetzung-mit-hilfe-einfacher-
schaetzverfahren-bewertung-eines

Mehmet Gencsoy

Aufwandsabschätzung mit Hilfe einfacher Schätzverfahren. Bewertung eines Software-Projekts

GRIN Verlag

Mehmet Gencsoy

SWE03 Case-Study: Bewertung eines Software-Projekts

Aufwandsabschätzung mit Hilfe einfacher Schätzverfahren

Assignment an der staatlich anerkannten Hochschule Stuttgart der AKAD. Die Privat-Hochschulen.

Altingen, den 22.10.2011

Inhaltsverzeichnis

Abbildungsverzeichnis

Tabellenverzeichnis

Abkürzungsverzeichnis

EMSA .... *Elektronische Miet-Service-Administration*
FPA .... *Function-Point-Analyse*
LOC .... *Lines of Code*
MM .... *Mitarbeitermonate*
MSC .... *Miet- und Service-Center*

1. Einleitung

Projektmanagement gewinnt in allen Bereichen des beruflichen Alltags an Bedeutung. Die Unternehmen werden immer häufiger mit komplexen und neuartigen Projekten konfrontiert. Aufgrund der immer kürzer werdenden Produktlebenszyklen, sollen auch die Projekte immer schneller umgesetzt werden.[1]

Vor allem die Entwicklung von betrieblicher Software ist ein sehr komplexer Vorgang. Deshalb ist es zweckmäßig, den Softwareentwicklungsprozess als Projekt zu strukturieren. Ein Projekt ist ein Vorhaben, welches sich durch die Einmaligkeit seiner Eigenschaften auszeichnet. Dies betrifft zum Beispiel die zeitlichen, personellen oder finanziellen Begrenzungen mit entsprechender Zielvorgabe sowie Organisation. Außerdem besteht eine Abgrenzung gegenüber anderen Vorhaben.[2] Das Projektmanagement bezieht sich auf alle Führungsaufgaben und dessen Werkzeuge, welche für den erfolgreichen Abschluss eines Projektes benötigt werden. Die Projektplanung ist ein Teil des Projektmanagements. Hier sollen, mit dem Projekt verbundene, künftige Aktionen vorausgeschaut, alternative Handlungsmöglichkeiten vorgeschlagen und Planungsziele gesetzt werden.

Für eine vernünftige Projektplanung wird eine gute Aufwandsabschätzung benötigt.[3] Dieses Assignment wird im Rahmen einer Fallstudie die einfachen bzw. nicht algorithmischen Schätzverfahren vorstellen. Dabei werden im zweiten Kapitel erst die Wichtigkeit der Aufwandsabschätzung bei Projekten und dessen Einflussfaktoren erläutert. Im dritten Kapitel werden dann die einfachen Schätzverfahren Analogie-, Gewichtungs-, Multiplikator- und Prozentsatzmethode vorgestellt. Im letzten Kapitel wird die Fallstudie in Bezug auf die Schätzverfahren

---

[1] Vgl. **Führer, Andreas und Züger, Rita-Maria,** *Projektmanagement - Management-Basiskompetenz*, 2., überarbeitete Auflage, Zürich 2007, Seite 8.

[2] Vgl. **o.V.,** *DIN 69901. In: din.de,*
http://www.nqsz.din.de/cmd?artid=113428320&contextid=nqsz&bcrumblevel=1&subcommitteei
d=54743629&level=tpl-art-detailansicht&committeeid=54739099&languageid=de, Abrufdatum:
18.10.2011, Ausdruckdatum: 18.10.2011.

[3] Vgl. **Balzert, Helmut,** *Lehrbuch der Softwaretechnik: Basiskonzepte und Requirements
Engineering*, 3. Auflage, Heidelberg 2009, Seite 517.

gestellt. Hierbei wird der Einsatz der Prozentsatzmethode kritisch betrachtet. Abschließend werden basierend auf den einfachen Schätzverfahren eine Handlungsempfehlung für die Fallstudie abgegeben.

Dieses Assignment soll damit die Antworten auf die folgenden Fragen liefern:

- Wie wichtig ist die Aufwandsabschätzung bei Software Projekten?
- Welche Einflussfaktoren wirken auf die Aufwandsabschätzung?
- Wie lassen sich die einfachen Schätzverfahren (Analogie-, Gewichtungs-, Multiplikator- und Prozentsatzmethode) definieren?
- Ist der Einsatz der Prozentsatzmethode sinnvoll? Wenn ja, wann ist es geeignet?
- Inwiefern können einfache Schätzverfahren bei Software Projekten eingesetzt werden?

2. Aufwandsabschätzung und dessen Einflussfaktoren

Der erfolgreiche Abschluss eines Software Projektes ist nicht selbstverständlich. Je nach Land liegen die Scheiterquoten bei 50% bis 80%. Nach Untersuchungen der Standish Group im Jahre 2000, liegt die Scheiterquote von Software Projekten bei 72%. Durch die immer kürzer werden Lebenszyklen von Software wird das Problem von gescheiterten Projekten weiter verstärkt. Die Softwareentwicklung wird komplexer und die entsprechende Entwicklungsdauer soll auch kürzer werden. Dies erfordert eine Koordination und Planung mit immer größer werdenden Ressourcen. Nach Analyse von Silicon.com entwickelt sich auch deshalb die Scheiterquote in Richtung 90%. [4]

Ein Projekt scheitert dabei, wenn es seine Ziele hinsichtlich finanziellen, funktionalen und zeitlichen Vorgaben nicht einhalten kann. Genau diese Vorgaben werden mit der Aufwandsabschätzung fixiert. Die Aufwandsabschätzung hat dabei den Einfluss, ob überhaupt das Projekt gestartet wird. Es ist maßgeblich am finanziellen Erfolg des Projektes beteiligt, da es auch die Basis für eine An-

---

[4] Vgl. **o.V.**, *In: Gulp.de, http://www.gulp.de/kb/it/projekt/itprojekteins.html*, Abrufdatum: 22.10.2011, Ausdruckdatum: 22.10.2011.

gebots- oder einer Kostenkalkulation bildet.[5] Der Trend zu Festpreisen bei Softwareprojekten verstärkt diesen Punkt weiter. Die erfolgreiche und termingerechte Fertigstellung des Projektes wird am Liefertermin, welche nach der Abschätzung fixiert wird, gemessen. Diese Aspekte verdeutlichten die Wichtigkeit einer fundierten und genauen Aufwandsabschätzung.

Dabei wirken auf die Aufwandsabschätzung unterschiedliche Einflussfaktoren. Folgende Einflussfaktoren müssen beachtet und mit der Aufwandsabschätzung berücksichtigt werden: [6]

- Quantitative Faktoren
  - o Größe und Umfang des Projektes
  - o Maßeinheiten sind zum Beispiel LOC (Lines of Code), Function Points, Personentage, -wochen und –monate
- Qualitative Faktoren
  - o Technische Komplexität (Algorithmen)
  - o Fachliche Komplexität (spezielle Themengebiete bzw. Geschäftsprozesse)
- HR (Human Resources) Faktoren
  - o Erfahrung
  - o Kenntnisse und Qualifikationen
  - o Potential
  - o Soft Skills, wie zum Beispiel Teamfähigkeit, Kommunikationsfähigkeit usw.
- Organisatorische Faktoren
  - o Projektleitung
  - o Projektorganisation
  - o Art von Feedback
  - o Belastung durch Tagesgeschäft
  - o Entwicklungsdauer, Abstand zwischen den Meilensteinen

---

[5] Vgl. **Schatten, Alexander und Demolsky, Markus,** *Best Practice Sofware-Engineering*, Heidelberg 2010, Seite 90.
[6] Vgl. **Bea, Franz Xaver und Scheurer, Steffen und Hesselmann, Sabine,** *Projektmanagement*, Stuttgart 2008, Seite 98.

o   Anzahl der Teammitglieder

3.   Methoden der einfachen Schätzverfahren

3.1. Analogiemethode

Die Analogiemethode basiert auf Erfahrungswerten von bereits abgeschlossenen Projekten. Dabei vergleicht man das zu schätzende Projekt mit einem oder mehreren „analogen" bereits abgeschlossenen Projekten. Das abgeschlossene Projekt sollte eine ähnliche Aufgabenstellung, Größe und Randbedingung besitzen.[7]

Hierbei können eigene Erfahrungsdatenbanken, empirische Untersuchungen oder auch externe Benchmarks und Wissensdatenbanken als Quelle verwendet werden. Bei externen Quellen werden jedoch die Aufwände meist nur auf aggregierten Ebene dargestellt. Dies müsste man dann mit anderen Methoden weiter verfeinern, so dass eine Aufwandsabschätzung auf Teilprojekt- und Arbeitspaketebenen möglich ist.[8]

Bei der Analogiemethode geht man von der Faustregel nach Robert B. Grady aus, das Software-Entwicklungen, die vorhandene Software wiederverwenden, nur ca. ¼ der Zeiten und Ressourcen von Neuentwicklungen benötigen.[9]

Im folgenden Abschnitt wird ein einfaches Beispiel für die Analogiemethode aufgelistet. Dabei wird die Schätzung von einem vorhandenen Projekt „Entwicklung einer Administrationssoftware der Lieferantenadressen", welche einen Ist-Aufwand von 4 MM (Mitarbeitermonaten) aufweist, abgeleitet:

* Neues Projekt: Administrationssoftware der Kundenadressen

    o   50 % des Codes wiederwendbar

    o   50 % müssen überarbeitet werden

---

[7] Vgl. **Balzert, Helmut,** *Lehrbuch der Softwaretechnik: Basiskonzepte und Requirements Engineering,* 3. Auflage, Heidelberg 2009, Seite 523.
[8] Vgl. **Günter, Drews und Hildebrand, Norbert,** *Lexikon der Projektmanagement-Methoden,* München 2007, Seite 161.
[9] Vgl. **Grady, Robert B.,** *Practical software metrics for project management and process improvement,* New Jersey 1992, Seite 13 ff.

- o 10 % neue Funktionalitäten
- Schätzung
    - o 50 % leicht modifizieren: ¼ x 4 MM = 1 MM
    - o 50 % komplett überarbeiten: ½ x 4 MM = 2 MM
    - o 10 % neue Funktionalitäten: 1/10 x 4 MM x 2 Komplexitätszuschlag = 0,8 MM
    - o Gesamtaufwand: 3,8 MM

Die Analogiemethode hat den Vorteil, dass ein geringer Aufwand benötigt wird. Außerdem kann man bereits zu einem frühen Zeitpunkt des Projektes Ergebnisse ermitteln. Nachteilig wirken sich die hohen Voraussetzungen für die Qualität der Daten aus. Des Weiteren wird hierbei eine intuitive und grobe Schätzung auf Basis von Erfahrungen durchgeführt, womit man die Schätzungen auch nicht vollständig nachvollziehen kann. Dies führt vor allem bei großen und komplexen Projekten zu ungenauen Ergebnissen.[10]

Damit ist die Analogiemethode nur für Projekte geeignet, die bereits in ähnlicher Form mehrfach durchgeführt worden sind oder wenn ausreichende sowie hochwertige Daten aus empirischen Untersuchungen vorliegen.

3.2. Gewichtungsmethode

Bei der Gewichtungsmethode wird der Aufwand mit Hilfe eines Faktorensystems ermittelt. Dabei werden subjektive und objektive Faktoren bestimmt, welche den zeitlichen Aufwand und die Projektkosten maßgeblich beeinflussen. Je konkreter die Faktoren gewählt werden, desto geringer ist der Schätzaufwand, da die Komplexität des Schätzverfahrens reduziert wird.[11] Mit der folgenden Abbildung werden mögliche Kategorien und Faktoren bei einem Software Projekt dargestellt.

---

[10] Vgl. **Kuster, Jürg und Huber, Eugen und Lippmann, Robert,** *Handbuch Projektmanagement,* 2. Auflage, Berlin 2008, Seite 366 ff.
[11] Vgl. **Biethahn, Jörg und Mucksch, Harry und Ruf, Walter,** *Ganzheitliches Informationsmanagement,* 6. Auflage, München 2004, Seite 385.

Kategorie	Kostentreiber
Produktmerkmale	Geforderte Zuverlässigkeit
	Größe der Datenbasis
	Komplexität des Produkts
Computermerkmale	CPU-Zeitbeschränkung
	Hauptspeicherbeschränkung
	Unstabiles Hardware/Software-System
	Laufzeit
Personalmerkmale	Fähigkeit zur Systemanalyse
	Anwendungserfahrung, Programmierfähigkeit
	Erfahrung mit neuen Betriebssystemen
	Erfahrung mit Programmiersprachen
Projektmerkmale	Einsatz moderner Programmiermethoden
	Tool-Einsatz
	Geforderte Entwicklungszeit

Abbildung 1: Mögliche Kategorien der Gewichtungsmethode[12]

Die ausgewählten Faktoren werden Kategorien zugeordnet. Diese Kategorien werden nun je nach Komplexität gewichtet. Die Verknüpfung der einzelnen Kategorien zu einem Gesamtaufwand wird in einer mathematischen Formel aufgelöst, wobei Erfahrungswerte mit einfließen.[13] Einer der wichtigsten Vertreter der Gewichtungsmethoden ist die FPA (Function-Point-Analyse). Auf diese wird hier jedoch nicht weiter eingegangen.

Ein Vorteil der Gewichtungsmethode ist, dass es an verschieden Kategorien und Faktoren anpassbar ist. Außerdem ist die Schätzung leicht verständlich sowie nachvollziehbar. Der Zeitaufwand ist gering. Mittlerweile ist auch eine Softwareunterstützung verfügbar. Die Gewichtungsmethode weist aber auch einige Nachteile auf. Damit kann man nämlich nur den Gesamtaufwand schätzen und nicht die einzelnen Projektphasen betrachten. Die Gewichtungsmethode neigt zu Unterschätzung des Aufwandes, da lückenhafte Erfassung der Anforderungen nicht ersichtlich ist. Mit der mathematischen Formel und den genauen Werten, wird eine Exaktheit vorgegaukelt, obwohl auch hierbei Erfahrungswerte mit in die Abschätzung einfließen müssen. Aufgrund der notwendigen Erfah-

---

[12] **Demleitner, Klaus,** *Projekt-Controlling*, 2., durchgesehene Auflage, München 2009, Seite 136.
[13] Vgl. **König, Wolfgang,** *Taschenbuch der Wirtschaftsinformatik und Wirtschaftsmathematik*, 2., überarbeitete und erweiterte Auflage, Frankfurt am Main 2003, Seite 253 ff.

rungswerte, funktioniert die Gewichtungsmethode auch nur bei ähnlichen Projekten, hinsichtlich der einzusetzenden Programmiersprache und Entwickler. D.h. bei vollkommen neuen Entwicklerteams oder bzw. neuen Programmiersprachen, sollte man die Gewichtungsmethode mit großer Vorsicht einsetzen.[14]

3.3. Multiplikatormethode

Bei der Multiplikatormethode wird zuerst das Projekt in sehr viele kleine Teilprojekte zerlegt. Die Teilprojekte kann man wiederum in bestimmte Kategorien einteilen. Danach wird pro Teilprojekt die Produktgröße, zum Beispiel in LOC, ermittelt. Des Weiteren wird mit einer Faktorentabelle eine Kennzahl pro Kategorie festgelegt. Diese Kennzahl soll die Komplexität berücksichtigen. Hier fließen die Erfahrungen aus vorangegangen Projekten ein. Mit der Multiplikation der Produktgröße und der Kennzahl kann dann pro Teilprojekt der Aufwand ermittelt werden.[15] Die folgende Abbildung soll den Schätzvorgang veranschaulichen.

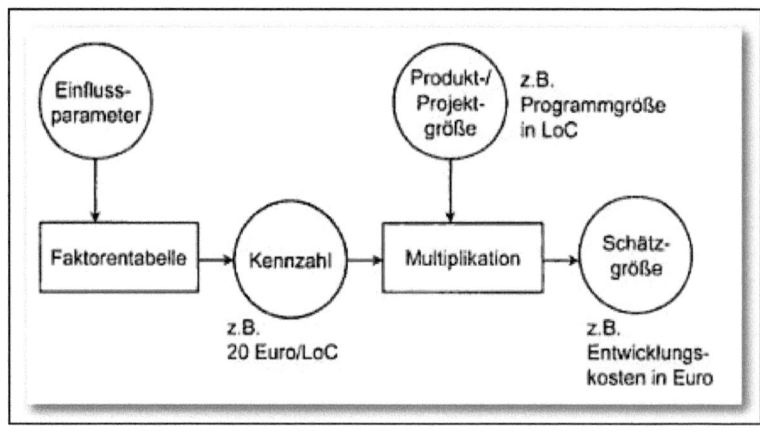

Abbildung 2: Prinzip der Multiplikatormethode[16]

[14] Vgl. **Demleitner, Klaus,** *Projekt-Controlling*, 2., durchgesehene Auflage, München 2009, Seite 137 ff.
[15] Vgl. **Bea, Franz Xaver und Scheurer, Steffen und Hesselmann, Sabine,** *Projektmanagement*, Stuttgart 2008, Seite 152 ff.
[16] **Bea, Franz Xaver und Scheurer, Steffen und Hesselmann, Sabine,** *Projektmanagement*, Stuttgart 2008, Seite 152.

Im folgenden Abschnitt wird ein Beispiel für die Multiplikatormethode vorgestellt. Ausgegangen wird von der Fallstudie und dem Software-Projekt EMSA (Elektronische Miet-Service-Administration). Zuerst wird das Projekt in Teilprojekte zerlegt. Pro Teilprojekt werden die LOC ermittelt. Die Teilprojekte werden daraufhin den Kategorien Vermietung, Reservierung, Rückgabe, Reparatur, Datenverwaltung und Datenaustausch zugeordnet. Die LOC werden dann mit dem, für die jeweilige Kategorie festgelegten, Aufwandsfaktor bewertet. Die folgende Tabelle verdeutlicht diesen Vorgang:

Kategorie	Teilprojekte	Summe LOC	Aufwands-faktor	LOC bewertet
Vermietung	1x500 LOC	500	1,2	600
Reservierung	1x700 LOC	700	1,4	980
Rückgabe	1x600 LOC	600	1,7	1.020
Reparatur	1x500 LOC	500	2,5	1.250
Datenverwaltung	3x500 LOC	1500	1,0	1.500
Datenaustausch	2x500 LOC	1000	1,2	1.200
			Summe	6.550

Tabelle 1: Beispiel Multiplikatormethode

Die bewertete LOC muss nun noch mit dem Potential der Entwickler, gemessen an LOC pro Monat, geteilt werden. Geht man von 500 LOC pro MM aus, beträgt der Gesamtaufwand nach der Multiplikatormethode 13,1 MM.

Die Multiplikatormethode hat den Vorteil, dass man sich gezielt mit dem Projekt auseinandersetzen muss. Die Zerlegung des Projektes in einzelne Teilprojekte verschafft zuerst einen Überblick und ermöglicht das Erkennen von Lücken im Lastenheft. Das Schätzen der Produktgröße bei kleinen Teilprojekten ist einfach. Aber bei größeren und komplexen Projekten ist das Zerlegen in sehr viele Teilprojekte schwierig und aufwendig. Bei zu großen Teilprojekten wird die Schätzung sehr ungenau. Auch hierbei werden die Faktoren für die Bewertung der Kategorien auf Basis von Erfahrungen festgelegt. Deshalb funktioniert die

Multiplikatormethode auch nur, wenn bereits Erfahrungen mit ähnlichen Projekten im selben Entwicklungsteam vorhanden sind.[17]

3.4. Prozentsatzmethode

Bei der Prozentsatzmethode wird der Aufwand prozentual auf die einzelnen Projektphasen verteilt. Hierbei wird den einzelnen Projektphasen, aufgrund von Erfahrungswerten aus anderen ähnlichen Projekten oder aus empirischen Untersuchungen, der Anteil vom zeitlichen Gesamtaufwand zugeordnet. Die Methode geht davon aus, dass die Phasen eines Projektes, hinsichtlich des zeitlichen Aufwandes, zu einem festen Verhältnis zueinander stehen.[18]

In unserer Fallstudie wird beim EMSA Projekt die folgende prozentuale Verteilung durchgeführt:

- Analysephase: 5 %
- Planungsphase: 35 %
  - o Fachliches Grobkonzept: 10 %
  - o Fachliches Feinkonzept: 20 %
  - o DV-Grobkonzept: 5 %
- Realisierungsphase: 50 %
  - o DV-Feinkonzept: 15 %
  - o Programmierung: 10 %
  - o Testphase: 25 %
- Einführungsphase: 10 %

Die Prozentsatzmethode kann eingesetzt werden, wenn eine Phase vollständig abgeschlossen ist, womit sich die übrigen Phasen hochrechnen lassen, oder man kann gezielt eine Phase detailliert schätzen und aufgrund dieser Schätzung die restlichen Phasen hochrechnen.[19] Außerdem kann die Prozentsatzme-

---

[17] Vgl. **Burghardt, Manfred,** *Einführung in Projektmanagement,* 5. Auflage, Berlin 2007, Seite 97 ff.
[18] Vgl. **Bea, Franz Xaver und Scheurer, Steffen und Hesselmann, Sabine,** *Projektmanagement,* Stuttgart 2008, 152 ff.
[19] Vgl. **Feyhl, Achim W.,** *Management und Controlling von Softwareprojekten,* 2., überarbeitete und erweiterte Auflage, Wiesbaden 2004, Seite 146.

thode eingesetzt werden, um den bereits ermittelten Gesamtaufwand auf die einzelnen Projektphasen zu verteilen. Die folgende Tabelle zeigt auf das EMSA Projekt basierendes Beispiel, wie die Verteilung des Gesamtaufwandes auf die Projektphasen dargestellt werden kann:

Projektphase	in %	nach Function-Points in MM
Analysephase	5	0,5
Planungsphase		
- fachliches Grobkonzept	10	1,0
- fachliches Feinkonzept	20	2,0
- DV-Grobkonzept	5	0,5
Realisierungsphase		
- DV-Feinkonzept	15	1,5
- Programmierung	10	1,0
- Testphase	25	2,5
Einführungsphase	10	1,0
Summe	100	10,0

Tabelle 2: Verteilung Function Points anhand der Prozentsatzmethode

Der, hierbei nach der FPA ermittelte, Gesamtaufwand von 10,0 MM wird auf Basis der prozentualen Verteilung den einzelnen Projektphasen zugeordnet. Damit müsste, zum Beispiel, die Analysephase nach 0,5 MM abgeschlossen werden.

Die Prozentsatzmethode hat den Vorteil, dass es frühzeitig eingesetzt werden kann und dabei einen geringen Aufwand aufweist. Im Laufe der Projektphasen wird die Schätzung immer genauer. Falls sich aber die Komplexität und Anforderungen in den einzelnen Phasen im Vergleich zu bereits durchgeführten Projekten verschieben, wird die Schätzung sehr ungenau. Da die prozentuale Verteilung aufgrund von Erfahrungswerten, aus bereits durchgeführten Projekten, festgelegt wird.[20]

4. Fazit

Das Projekt EMSA aus unserer Fallstudie ist für die Firma Knoll GmbH von strategisch hoher Bedeutung. Mit dieser Software soll das neue Geschäftsbereich MSC (Miet- und Service-Center) verwaltet und betreut werden. Bei der Planungsphase wird für das Projekt ein Gesamtaufwand von 9 MM geschätzt. Das Schätzverfahren wird in der Fallstudie nicht angegeben.

Mit der FPA lässt sich der Gesamtaufwand ermitteln. Mit dem Ergebnis aus der FPA lässt sich nun mit der Prozentsatzanalyse der Gesamtaufwand in die einzelnen Projektphasen gliedern. D.h. der Einsatz der Prozentsatzmethode ist in Verbindung mit der Gewichtungsmethode sinnvoll. Beide Methoden ergänzen sich und lassen auch eine Plausibilitätsprüfung zu. Mit der Unterteilung in Phasen, lässt sich auch besseres Projektcontrolling betreiben.

Aufgrund der sehr geringen Erfahrung des Projektleiters mit Software-Projekten kann keiner der hier vorgestellten einfachen Schätzverfahren empfohlen werden. Alle einfachen Schätzverfahren fundieren auf Erfahrungswerte. Damit ist für eine gute Schätzung in erster Linie Erfahrung notwendig. In diesem Fall benötigt die Firma Knoll GmbH für das umfangreiche und wichtige Geschäftsbereich MSC einen externen erfahrenen Projektleiter.

Betrachtet man die einfachen Schätzverfahren unabhängig von der Fallstudie, dann lässt sich erkennen, dass alle Verfahren relativ gute Ergebnisse liefern können, sofern ausreichend Erfahrung vorhanden ist und die Rahmenbedingungen passen. Trotzdem sollten die einzelnen Schätzverfahren immer miteinander kombiniert werden, so dass die einzelnen Schätzergebnisse auf Plausibilität geprüft werden können. Wichtig ist es auch, dass man Projektergebnisse auch hinsichtlich der Schätzungen dokumentiert und aktives Projektcontrolling

---

[20] Vgl. **Bea, Franz Xaver und Scheurer, Steffen und Hesselmann, Sabine,**
Projektmanagement, Stuttgart 2008, Seite 153.

betreibt. Damit kann man aus alten Schätzfehlern lernen und zukünftige Schätzungen genauer abliefern. [21]

---

[21] Vgl. **Peter, Mertens und Wieczorrek, Hans W.**, *Management Von IT-Projekten*, 3. Auflage,
Berlin 2008, Seite 205.

Literaturverzeichnis

Balzert, Helmut:
Lehrbuch der Softwaretechnik: Basiskonzepte und Requirements Engineering, 3. Auflage, Heidelberg 2009.

Bea, Franz Xaver und Scheurer, Steffen und Hesselmann, Sabine:
Projektmanagement, Stuttgart 2008.

Biethahn, Jörg und Mucksch, Harry und Ruf, Walter:
Ganzheitliches Informationsmanagement, 6. Auflage, München 2004.

Burghardt, Manfred:
Einführung in Projektmanagement, 5. Auflage, Berlin 2007.

Demleitner, Klaus:
Projekt-Controlling, 2., durchgesehene Auflage, München 2009.

Feyhl, Achim W.:
Management und Controlling von Softwareprojekten, 2., überarbeitete und erweiterte Auflage, Wiesbaden 2004.

Führer, Andreas und Züger, Rita-Maria:
Projektmanagement - Management-Basiskompetenz, 2., überarbeitete Auflage, Zürich 2007.

Grady, Robert B.:
Practical software metrics for project management and process improvement, New Jersey 1992.

Günter, Drews und Hildebrand, Norbert:
Lexikon der Projektmanagement-Methoden, München 2007.

König, Wolfgang:
Taschenbuch der Wirtschaftsinformatik und Wirtschaftsmathematik, 2., überarbeitete und erweiterte Auflage, Frankfurt am Main 2003.

Kuster, Jürg und Huber, Eugen und Lippmann, Robert:
Handbuch Projektmanagement, 2. Auflage, Berlin 2008.

Peter, Mertens und Wieczorrek, Hans W.:
Management Von IT-Projekten, 3. Auflage, Berlin 2008.

Schatten, Alexander und Demolsky, Markus:
Best Practice Sofware-Engineering, Heidelberg 2010.

Online-Quellen

o.V.:

DIN 69901. In: din.de,

http://www.nqsz.din.de/cmd?artid=113428320&contextid=nqsz&bcrumblevel=1
&subcommitteeid=54743629&level=tpl-art-
detailansicht&committeeid=54739099&languageid=de, Abrufdatum:
18.10.2011, Ausdruckdatum: 18.10.2011.

o.V.:

In: Gulp.de, http://www.gulp.de/kb/it/projekt/itprojekteins.html, Abrufdatum:
22.10.2011, Ausdruckdatum: 22.10.2011.

BEI GRIN MACHT SICH IHR
WISSEN BEZAHLT

- Wir veröffentlichen Ihre Hausarbeit,
  Bachelor- und Masterarbeit

- Ihr eigenes eBook und Buch -
  weltweit in allen wichtigen Shops

- Verdienen Sie an jedem Verkauf

Jetzt bei www.GRIN.com hochladen
und kostenlos publizieren